Piri 3

Arbeitsheft in Schulausgangsschrift

Erarbeitet von
Imke Bünstorf
Kerstin Ende
Renate Erbstößer
Angela Hock-Schatz
Sonja Kargl
Ute Schimmler
Karin Schramm
Sabine Trautmann
Kathrin Wiegelmann

Ausgabe für Brandenburg,
Mecklenburg-Vorpommern,
Sachsen, Sachsen-Anhalt,
Thüringen

Ernst Klett Verlag
Stuttgart · Leipzig

Lernplan Piri 3

Du und ich – Ich und du

Nach den Ferien

1 Setze die Fragewörter richtig ein.

was *warum* *wann* *wo* *wer* *wie*

__________ wird Klassensprecher?

__________ haben wir so viele Mathematikstunden?

__________ können wir mittwochs nach Hause gehen?

__________ müssen wir für das neue Projekt mitbringen?

__________ werden die Klassendienste verteilt?

__________ bringe ich meine Malsachen unter?

2 Bilde Fragen zu den Sätzen. Schreibe sie auf.

Die neue Kunstlehrerin heißt Frau König.

Wie ______________________________

Der Sportunterricht findet dienstags und donnerstags statt.

____

Die Bücher stehen im Regal neben dem Sofa.

____

3 Bilde zu diesem Satz zwei Fragen.

Der Hausmeister kehrt die Blätter auf dem Schulhof zusammen.

____

____

SB S. 6

Freizeit

Die Kinder der Klasse 3c stellen ihre Freizeitbeschäftigungen zusammen.

1 Ergänze den Notizzettel mit eigenen Ideen.

Rad fahren	*malen und basteln*
ins Kino gehen	*lesen*
am Computer sitzen	____________
Fernsehen gucken	____________
Fußball spielen	____________

2 Setze den Fragebogen fort.

	ja	nein
Fährst du gern Rad?	☐	☐
Gehst du gern ins Kino?	☐	☐
Sitzt du	☐	☐
Guckst du	☐	☐
	☐	☐
	☐	☐
	☐	☐
	☐	☐
	☐	☐
	☐	☐

3 Tausche deinen Fragebogen mit deinem Nachbarn zum Ausfüllen aus.

4 Vergleicht eure Fragebögen.

Briefe schreiben

Liebe Laura,

wir haben eine neue Lehrerin. Die Lehrerin heißt
Frau Zarbel. Frau Zarbel ist sehr streng.
Sogar beim Malen schimpft Frau Zarbel, wenn ich Pia mal
etwas frage. Aber Frau Zarbel kann auch nett sein.
Gestern durfte Tom neben mir sitzen. Tom kann gut rechnen.
Die Lösungen, die Tom vorlas, lobte Frau Zarbel sehr.
Wie war denn dein Schulanfang?

Viele Grüße von Jan

❶ Einige Substantive wiederholen sich in dem Brief. Unterstreiche sie.

❷ Ersetze einige der unterstrichenen Substantive durch passende Pronomen. Schreibe diese darüber.

Auch Laura schreibt Jan einen Brief:

Lieber Jan,
mein erster Schultag war auch ziemlich
aufregend. Erst kam er zu spät. Die
Bücher fielen ihm runter. Sie lachte.
Dann haben sie die Bücher ausgeteilt.
Viele Grüße
deine Laura

die Klasse | *Annika und Paul* | *Herr Schrott*

❸ Setze für die Pronomen die passenden Substantive ein.

❹ Schreibe den Text mit den Substantiven in dein Heft.

SB S. 8

Kyra und Maro

❶ Setze die passenden Adjektive ein. Achte auf die Endungen.

ärgerlich *schnell* *langsam* *fröhlich* *gemeinsam* *lustig*

Kyra und Maro sollen ____________________ rechnen.

Maro ist ein ____________________ Rechner.

Er ist ____________________, weil Kyra lieber

____________________ rechnet.

Aber sie ist ein ____________________ Mädchen.

Das macht ihn wieder ____________________.

❷ Ergänze die fehlenden Berufsbezeichnungen.

der Arzt	die Ärztin	
		die Polizistinnen
der Lehrer		
	die Busfahrerin	
der Tierpfleger		
	die Hausmeisterin	
		die Köchinnen
der Verkäufer		

③ Schreibe zu jedem Beruf einen Satz in dein Heft.

Der Wasserschaden

❶ Lies den Text.

Nach der großen Pause gehen die Kinder wieder ins Klassenzimmer. Dennis sitzt schon an seinem Platz und will seine Geschichte weiterschreiben. Plötzlich stolpert Pia hinter ihm und verschüttet Wasser aus ihrer Trinkflasche. Leider landen ein paar Tropfen in dem offenen Heft von Dennis. Die Tinte zerfließt.

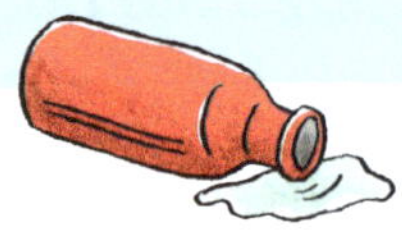

❷ Wie wird Dennis reagieren?

❸ Lies die beiden Texte. Worin liegt der Unterschied?

A

Dennis schreit auf: „Kannst du nicht aufpassen, du Tollpatsch?“

Pia murmelt: „Entschuldigung!“ „Das hilft mir auch nicht weiter. Jetzt ist das Heft verschmiert!“, sagt Dennis empört.

Ohne weitere Worte geht Pia. …

B

Dennis schreit: „Pass doch auf, du Trottel!“

„Na komm, bei deiner Schrift kannst du ja froh sein, wenn man sie nicht mehr erkennt“, gibt Pia zurück und lacht.

Dennis ist sauer. …

❹ Entscheide dich für einen Text.
Schreibe diese Geschichte in deinem Heft zu Ende.

❺ Unterstreiche alle Wörter mit Doppelkonsonanten in den drei Texten. Schreibe sie auf.

SB S. 12

Beim Fußballspiel

❶ Ergänze die Substantive im Text.

Protest | Einfall | Idee | Spaß | Angst | Lust

Lisa und Lars haben oft __________ Fußball zu spielen.

Das macht ihnen am meisten __________.

Laura mag das allerdings weniger.

Sie bekommt __________, wenn der harte Ball auf sie zufliegt.

Neulich hatten einige Kinder die __________, einen weichen Ball zu nehmen.

Aber diesen __________ fanden Lisa und Lars gar nicht gut.

Mit lautem __________ liefen sie zur Sportlehrerin. …

❷ Wie könnten die Kinder sich einigen?

❸ Finde die passenden Wörter mit ie und setze sie ein.

frieren | probieren | lieben | fliegen | vier | sieben

eine Speise kosten: __________ im Winter kann man: __________

Zahlwort für 4: __________ Flugzeuge können: __________

Gegenteil von hassen: __________ Sand kann man: __________

④ Du kannst Sätze mit diesen Wörtern bilden: regieren spielen liegen.

SB S. 13

Gemeinsam backen

❶ Setze das jeweils passende Pronomen ein.

Lara und Martin wollen backen.

______ probieren ein Rezept für Fladenbrot aus.

Lara mischt das Mehl mit der Hefe.

Danach gibt ______ Salz und warmes Wasser dazu.

Martin will das Öl holen.

______ schaut im Kühlschrank nach.

Dort steht das Öl nicht.

Wo ist ______ nur?

Die Kinder suchen im Vorratsschrank.

Dort finden ______ die Flasche Öl endlich.

Bald ist das Fladenbrot fertig.

Wie ______ wohl schmeckt?

❷ Ergänze die Verben jeweils in der richtigen Personal- oder Grundform.

	probieren	backen			essen
ich					
du					
er/sie/es			gibt		
wir					
ihr				steht	
sie					

❸ Markiere die Endungen der Verben.

SB S. 14

Nach dem Sportfest

❶ Setze die passenden Pronomen ein.

Lotta schreibt einen Brief an Frau Marek:

Liebe Frau Marek,

__________ möchte mich dafür bedanken, dass __________ uns die Zeit für das Sportfest gegeben haben.

__________ hatten so viel Spaß. Können __________ uns das nächstes Jahr auch wieder erlauben? Vielleicht dürfen __________ das einmal für die ersten Klassen organisieren. __________ denke, dass __________ sich darüber freuen würden.

Viele Grüße
Lotta

Sie
ich
wir
Sie
sie
ich
wir

❷ Ergänze zu jedem Pronomen, wer damit gemeint ist.

ich – Lotta, ...

Ich schreibe in mein Tagebuch

1. Lies das Gedicht auf Seite 16/17.

2. Was würdest du in dein Tagebuch schreiben? Ergänze.

Ich schreibe in mein Tagebuch,

wenn ich mal traurig bin:

wenn ich ganz fröhlich bin:

wenn ich mal wütend bin:

was ich am Tag erleb:

SB S. 16/17

Freundschaftsspiele

❶ Lies den Text und vergleiche mit den Texten auf den Seiten 22/23.

Einem Kind werden die Augen verbunden, während die anderen im Kreis sitzen. Jedes Kind schreibt auf einen Zettel seinen Namen. Es setzt sich auf den Schoß eines Spielers und fordert ihn auf: „Vöglein, piep einmal!" Nun werden die Zettel eingesammelt und gemischt. Der Spieler antwortet mit „piep". Jeder zieht verdeckt einen Zettel und schreibt dem Kind, das er gezogen hat, etwas Freundliches auf. Er kann dabei seine Stimme verstellen. Ihr könnt das ein paar Mal wiederholen. Das Kind muss erraten, auf wessen Schoß es sich gesetzt hat.

❷ Welche Spiele sind hier durcheinander geraten?

❸ Markiere alle Sätze in einer Farbe, die zu einem Spiel gehören.

❹ Schreibe einen Text in dein Heft.

❺ Finde diesen Textabschnitt auf Seite 23 und vergleiche.

Suche dir einen Partner Freunde oder eine Partnerin!
Nun binde dein linkes Bein mit dem rechten Bein des anderen Kindes sind zusammen.
Wie lange braucht ihr toll um eine längere Strecke zurückzulegen?

❻ Kreise alle überflüssigen Wörter im Text ein.
Sie ergeben einen Satz.

Das Sams in der Schule

❶ Lies den Text auf den Seiten 24/25. Herr Groll möchte, dass das Sams ihn mit „Sie“ anredet. Schreibe jeweils auf, was das Sams sagen müsste.

Schau her!

Bist du denn eine Frau?

Warum schimpfst du dann?

Meinst du mich?

❷ Wie beschreiben die Kinder das Sams?

❸ Was hältst du von Herrn Groll als Lehrer?

SB S. 24/25

Die Tage werden kürzer

Dunkle Wolken auf dem Heimweg

Als Maro, Paul und Tim nach dem Fußballtraining gegen 17 Uhr die Halle verlassen, ist es schon ziemlich dunkel. Maro fragt verwundert: Haben wir heute länger als sonst gespielt? Sein Freund Tim antwortet: Nein, aber es wird doch jetzt schon früher dunkel. Am Himmel türmen sich dunkle Gewitterwolken und in der Ferne hört man es donnern. Da erkundigt sich Paul: Habt ihr den Donner gehört? Maro ruft: Kommt, wir rennen nach Hause! Paul fragt: Wollen wir uns nicht lieber irgendwo unterstellen? Warten wir besser bis das Gewitter vorbei ist.

❶ Markiere, was die drei Freunde sagen.

❷ Setze im Text die Anführungszeichen.

❸ Wie würdest du dich entscheiden?

❹ Schreibe in wörtlicher Rede auf, was Maro, Paul und Tim sagen. Formuliere passende Begleitsätze.

SB S. 34

Jahreszeitenwörter

1 Ergänze die Jahreszeiten.

2 Trenne die Wörter in der Schlange durch Striche voneinander.

3 Unterstreiche die fünf Verben.

4 Setze die Verben nun in der richtigen Form in den Text ein.

Nach dem starken Regen ________________ viel Wasser durch den Bach.

Im September können wir Äpfel und Birnen ________________.

Seit vielen Tagen ________________ die Sonne vom Himmel.

Das Wasser ________________ aus der Quelle.

Maro und Lotta ________________ über den Bach.

5 Schreibe die übrigen Wörter aus der Schlange heraus.

6 Bilde lustige Sätze mit den Zw-/zw- Wörtern.

SB S. 35

Im Herbst

Im Garten
sieht es schon herbstlich aus.
Die ersten Blätter ________________ sich.
Die letzten Rosen ________________.
Eichhörnchen ________________ Walnüsse
unter den Sträuchern. Auf der Wiese
________________ die Äpfel.
Wir müssen uns wohl
vom Sommer
________________.

verfaulen

vergraben

verfärben

verabschieden

verblühen

❶ Setze die passenden Verben in den Text ein.

❷ Setze die Vorsilben an- , um- , er- , ein- und über- richtig ein.

Wir _____legen, wann die Winterzeit _____fängt. Schließlich müssen wir im Herbst die Uhren wieder _____stellen.
Da die Zeiger eine Stunde zurückgestellt werden, können viele abends schnell _____schlafen und _____wachen morgens früh.

❸ Bilde mit den Vorsilben be- , zer- , aus- , ent- und ab- Verben.

graben *suchen* *pflücken* *steigen* *lassen*

❹ Schreibe Sätze mit diesen Verben in dein Heft.

Im Wald

1 Bilde zusammengesetzte Substantive.

der Zug, der Vogel:

der Zugvogel

2 Unterstreiche den Teil des zusammengesetzten Substantivs, nach dem sich der Artikel richtet.

3 Umrahme jeweils zwei nebeneinander stehende Substantive, wenn man sie zu einem sinnvollen Wort zusammensetzen kann.

Wald Tier Wind Baum Stamm

Sonne Zaun König Vogel Nest

4 Schreibe die zusammengesetzten Substantive mit Artikel auf.

SB S. 38

Waldspaziergang

Der Förster erklärt einer Schulklasse viele interessante Dinge über die Tiere und die Pflanzen, die im Wald ihren Lebensraum haben. Er berichtet:
„Die meisten unserer Wälder sind Mischwälder. Hier wachsen also sowohl Laubbäume als auch Nadelbäume.
Zu den Laubbäumen gehören Eiche, Buche und Ahorn. Zu den Nadelbäumen zählen Kiefer und Fichte.
Wenn man ganz leise ist, kann man das Glück haben, einige Tiere zu entdecken. Bekannte Waldtiere sind das Reh und das Wildschwein.
Auch der Specht, das Eichhörnchen und der Fuchs gehören zu den Bewohnern des Waldes.
Im Wald wachsen viele Früchte wie Walderdbeere, Heidelbeere, Hagebutte, Schlehe und Holunder."

1. Unterstreiche grün: Bäume, braun: Waldtiere und rot: Waldfrüchte.
2. Ordne dann die Begriffe in die Tabelle ein.

Laub- und Nadelbäume	Waldtiere	Waldfrüchte

3. Du kannst ein eigenes Beispiel zu jeder Spalte finden.

SB S. 39

Laubbäume und ihre Früchte

❶ Lies den Text. Was stellst du fest?

Kastanie und Ahorn gehören zu den Laubbäumen. Im Herbst tragen sie unterschiedliche Früchte. [Sie] sind glatt und rundlich und stecken in stachligen grünen Hüllen. Sobald sie auf der Erde aufschlagen, brechen [sie] auf. [Er] hat Früchte, die weit durch die Luft segeln können. Kinder setzen [sie] auch gern auf ihre Nasen.

1 der Ahorn

2 die Ahornfrüchte

3 Kastanien

4 ihre Hüllen

❷ Ersetze die markierten Pronomen durch die Substantive am Rand, indem du die entsprechenden Nummern darüber schreibst.

❸ Schreibe den Text mit den passenden Substantiven in dein Heft.

❹ Wie heißen diese Bäume und Früchte? Schlage im Lexikon nach.

____

____

____

SB S. 39

Geheimnisvolles Rascheln

„Ein Hut, ein Stock, ein Regenschirm,
vorwärts, rückwärts, seitwärts, ran!“
Singend laufen die drei Freundinnen durch
den Park. Vor einem großen Laubhaufen
bleibt Lisa stehen.
Hat sich der Haufen nicht eben bewegt?
Dabei ist es fast windstill.
Lisa legt ihren Finger auf den Mund.
Hanna und Jana verstummen.
Plötzlich hören die Mädchen ein Rascheln …

1. Wo beginnt der Hauptteil der Geschichte? Trenne Einleitung und Hauptteil durch einen Strich.
2. Setze den Hauptteil fort und schreibe einen Schluss.

SB S. 40

Drachenflug

❶ Der Wind treibt die Drachen am Himmel hin und her.
Immer wieder entstehen neue Sätze. Schreibe sie auf.

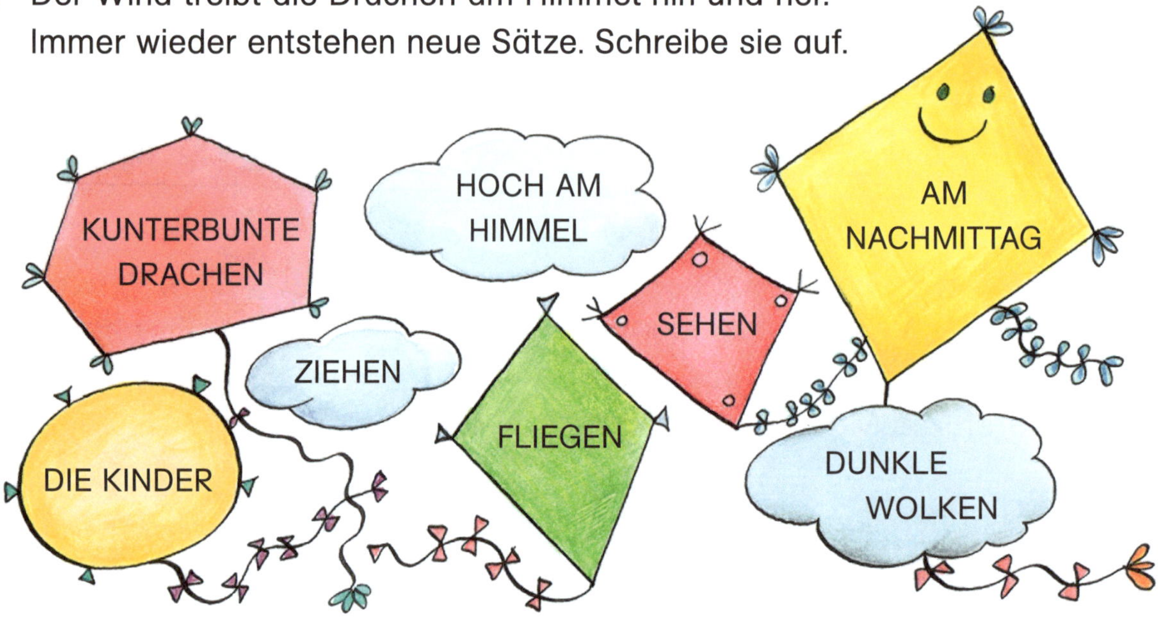

Elena beobachtet **stolz** ihren Drachen.
Er stürzt **plötzlich** auf den Boden.
Elena betrachtet **traurig** den Schaden.
Sie geht **schnell** nach Hause.
Elena erzählt **ihrer Mutter** von ihrem Pech.
Sie reparieren **gemeinsam** den Drachen.

❷ Trenne die Satzglieder durch Striche.

❸ Stelle die Sätze so um, dass die dick gedruckten Wörter am Satzanfang stehen.
Schreibe die veränderte Geschichte in dein Heft.

SB S. 41

Eichhörnchen

❶ Das ist der Sachtext von Joschi über Eichhörnchen. Was fällt dir auf?

Die niedlichen Eichhörnchen gehören zu den Nagetieren.
Ihr wunderbar weiches Fell kann fuchsrot bis
schwarz-braun gefärbt sein.
Der buschige Schwanz dient den Tieren fantastisch
beim gefährlichen Klettern und Springen.
Eichhörnchen ernähren sich von leckeren Samen,
schmackhaften Früchten, zarten Knospen,
manchmal aber auch von Vogeleiern und kleinen
Jungvögeln. Im Herbst verstecken die fleißigen
Eichhörnchen ihre schmackhaften Vorräte.
Sie vergessen dummerweise ihre Verstecke recht häufig.

❷ Streiche die Wörter, die nicht zu einem Sachtext gehören.

❸ Schreibe ihn nun so auf, dass er nur noch die wichtigen Informationen enthält.

❹ Vergleicht eure Texte.

Herbstwörter

❶ Lies das Gedicht auf Seite 48. Was fällt dir auf?
Überlege mit deinem Partner, warum einige Wörter so gestaltet wurden.

❷ Wie könntest du diese Wörter passend darstellen? Probiere es aus.

frieren		Regen	
bunt		Blitz	
wehen		Sonne	
spitz			

③ Suche dir noch ein weiteres Wort aus und gestalte es passend.

SB S. 48

Ratten

Haus- und Wanderratten werden oft verwechselt. Sie haben zwar einige Gemeinsamkeiten, aber unterscheiden sich auch voneinander.
Ratten sind intelligente Tiere. Sie vermehren sich sehr schnell und leben in großen Rudeln zusammen. Ihre Sinne sind besonders gut ausgebildet, da sie oft in der Dämmerung unterwegs sind.
Die Hausratte bevorzugt wärmere Orte und bewohnt daher gern die oberen Stockwerke in alten Häusern.
Die Wanderratte liebt hingegen feuchte Abwasserkanäle und dunkle Tunnel.
Ratten sind Nagetiere. Ihre Zähne wachsen ständig nach und sind messerscharf. Damit können sie sogar Kunststoff und Metall durchnagen.
Die Hausratte frisst gern Getreide, Früchte und Gemüse, aber auch Lebensmittelvorräte wie Zucker und Fett.
Die Wanderratte ernährt sich meist von Küchenabfällen und Fleisch.
Die Wanderratte hat bräunliches, die Hausratte schwarzes Fell.
Die Hausratte ist kleiner und leichter als die Wanderratte.
Ohne Schwanz ist sie 16 – 22 cm lang und wiegt nur 150 – 250 g.
Die Wanderratte kann eine Körperlänge von 21 bis 28 cm haben.
Sie wiegt bis zu 580 g.
Der Schwanz ist bei der Hausratte länger als bei der Wanderratte.
Er dient beiden zum Klettern und zum Regeln der Körpertemperatur.

1. Unterstreiche die Gemeinsamkeiten von Wander- und Hausratte.
2. Unterstreiche dann die Merkmale der Hausratte in einer weiteren Farbe. Unterstreiche nun die Merkmale der Wanderratte in einer dritten Farbe.
3. Lege eine Tabelle für die Merkmale beider Tiere in deinem Heft an.

	Hausratte	Wanderratte
Lebensraum		
Nahrung		
Größe		
Gewicht		
Aussehen		

SB S. 53

Fantasievolles, Geheimnisvolles

Strandwanderung

Maro und seine Eltern sind am Meer.

Heute machen ___ eine lange Strandwanderung.

Damit es ___ nicht zu kalt wird, haben ___ Windjacken angezogen. Maro läuft vor.

___ sucht Muscheln und zeigt ___ stolz seinen Eltern.

___ freuen sich, dass Maro das schlechte Wetter nichts ausmacht. Nun winkt ___ ___ aufgeregt zu.

„Wenn ___ ___ ans Ohr haltet, könnt ___ das Meer rauschen hören!“, ruft ___ .

er
ihr
ihnen
ihnen
sie
ihr
sie
sie
er
er
sie
sie

1. Schreibe den Text ab.
   Setze dabei die Pronomen ein.

SB S. 62

Tauchen nach Perlen, Schwämmen und Schätzen

Bereits vor einigen hundert Jahren wagten sich die ersten Taucher in die Tiefen des Meeres. Vor allem mit Perlen, aber auch mit Schwämmen oder dem Bergen der Fracht versunkener Schiffe ließ sich viel Geld verdienen. Früher gab es noch keine Sauerstoffflaschen. Die Taucher mussten deshalb so lange wie möglich die Luft anhalten.
Vielen Perlentauchern wurde die Mördermuschel zum Verhängnis. Oft wurden ihre Arme oder Beine von den beiden Schalenhälften eingeschlossen. Mördermuscheln werden bis zu 120 cm lang und manchmal über 250 kg schwer. Sie sind die größten Muscheln und leben im Indischen Ozean.

1. Lies den Text und gib den Inhalt mit eigenen Worten wieder.
2. Ergänze die fehlenden Satzteile.

Bereits vor einigen hundert Jahren wagten sich ______________________

____.

Früher ______________________________________.

____

______________________________________ Luft anhalten.

Vielen Perlentauchern wurde die ______________________

______________ . ______________________________

______________________________________ eingeschlossen.

Sie sind die ____________________________________

____

3. Du kannst einen Steckbrief zur Mördermuschel schreiben.

SB S. 63

Missgeschick

Lissis Kater Flocke erzählt ihr von seinem Missgeschick:
„Ich wollte auch einmal heimlich zaubern.
Zuerst habe ich die Limonade erwärmt.
Und dann habe ich die Kröteneier dazu getan.
Und dann habe ich kräftig gerührt.
Und dann habe ich den Zauberspruch aufgesagt.
Und dann musste ich niesen.
Und dann ist mir die ganze verzauberte
Limonade über mein kuscheliges Fell gelaufen."

1. Lies den Text. Was fällt dir auf?
2. Streiche „Und dann" durch.
3. Schreibe die „Und dann"-Sätze neu auf.
   Setze dabei die passenden Satzanfänge ein.

danach *nun* *anschließend* *plötzlich* *schließlich*

4. Unterstreiche die Adjektive. Bilde das Gegenteil mit un- . Setze es ein.

Mein Sofa ist bequem, aber mein Hexenbesen ist ________________.

Mein Kessel ist dicht, aber mein Dach ist ________________.

Meine Zaubertränke sind gesund, aber Süßigkeiten sind ________________.

5. Du kannst ähnliche Sätze mit diesen Wörtern bilden: *ehrlich* *fair* *auffällig* .

SB S. 64/66

Gespensterschule

Knut und Gustav sollen sich in Gruseltiere verwandeln. Knut lacht und sagt: „Du siehst wie ein lustiger Hund aus. Du hast die niedlichsten Augen, struppiges Fell und dein Schwanz ist am kürzesten.“
Gustav meint zu Knut: „Und so siehst du aus: kräftige Beine, eine längere Nase und die größten Ohren von uns beiden.“
Aber der Lehrer schimpft: „Keiner von euch sieht wirklich gruselig aus!“

1. Unterstreiche alle Adjektive.
2. Ordne sie in die richtige Spalte ein.

Grundstufe	Mehrstufe	Meiststufe

3. Ergänze die fehlenden Vergleichsstufen.
4. Schreibe mit den Adjektiven in der Mehrstufe Vergleiche auf.
   Schreibe so: *Meine Geschichte ist lustiger als …*

SB S. 67

Ein Suchbild

❶ Setze eu oder äu richtig ein.

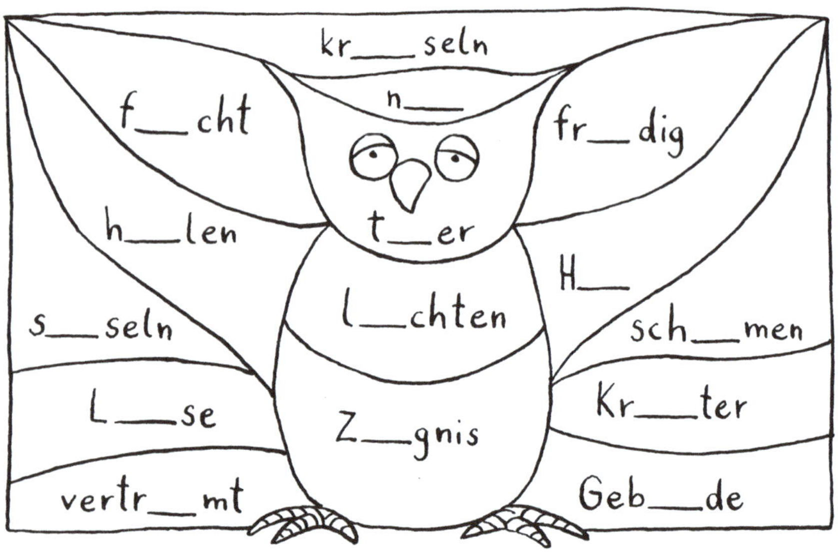

Wörter mit eu:
feucht, teuer, freudig, heulen,
leuchten, Heu, Zeugnis, neu

Wörter mit äu:
verträumt, kräuseln, säuseln,
schäumen, Läuse, Kräuter,
Gebäude

❷ Male alle Felder der Wörter mit eu braun und mit äu hellblau aus.
Es entsteht eine ________________.

❸ Ordne die Wörter nach Substantiven, Verben und Adjektiven.

Substantive	Verben	Adjektive

❹ Schreibe die Wörter mit eu heraus.

❺ Suche zu jedem Wort mit äu ein verwandtes Wort mit au.
Schreibe sie in dein Heft.

SB S. 68

Besuch im Schloss

sehen	gehen

1. Ordne die Verben den Wortfeldern sehen oder gehen zu.
2. Setze passende Verben des Wortfeldes sehen ein.

Die Kinder ________ das Schloss.

Wohin sie auch ________,

sie ________ ständig etwas Neues.

„________ mal, Nina, da steht eine Rüstung!“, staunt Lars.

Lotta ________ aber gerade Leute,

die Müll auf den Boden werfen.

3. Setze passende Verben des Wortfeldes gehen ein.

Danach ________ die Kinder durch den Wald.

Wie immer ________ Timo vor.

Er verletzt sich den Fuß und kann nur noch ________.

Die Mädchen ________ langsam hinterher.

„Bitte ________ nicht so!“, ruft der Lehrer.

SB S. 69

Ein unglückliches Gespenst

Heim____ durch das Burgschloss schlich
Kasimir, der Bösewicht.
Fleck____ war sein Leichentuch,
auch sein Kopf bot **Dreck** genug,
den er list____ und verschlagen
ständ____ unterm Arm getragen.
Eines Tags jedoch, o **Schreck**,
war der Kopf auf einmal weg!
Da war Kasimir sehr traur____,
heulte im Gewölbe schaur____.

Ohne Kopf kann auch ein Geist
wen____ seh'n, wie du wohl weißt.
Pein____ ist es außerdem.
So ist Kasimir zu seh'n,
wie er zittr____ schleicht durchs **Haus**,
kalk____ weiß, es ist ein Graus,
bis vielleicht am jüngsten **Tag**
seinen Kopf er finden mag.
Ja, dann wär' er augenblick____
endlich wieder glück____!

❶ Setze -ig oder -lich ein.

❷ Bilde aus den fett gedruckten Substantiven Adjektive mit -ig oder -lich.
Schreibe so: *Dreck – dreck ...*

③ Du kannst das Gedicht auf ein Schmuckblatt schreiben.

SB S. 70

Wünsche zum Geburtstag

❶ Bilde Substantive mit -ung, -heit oder -keit.
Schreibe sie mit Artikel auf.

bewundern *faul* *gemütlich* *gesund* *heiter*

klar *erholen* *herzlich* *werben* *beliebt*

-heit:

-keit:

-ung:

❷ Welche Substantive passen zu einem Geburtstagswunsch? Unterstreiche sie.

❸ Setze je ein Substantiv aus der oberen und unteren Zeile zusammen. Markiere das Fugen-s.

Geburt *König* *Esel* *Überraschung* *Geburtstag*

Torte *Tag* *Paket* *Krone* *Ohr*

Piraten

1 Lies den Text.

Seit kostbare Waren mit Schiffen über das Meer transportiert werden, gibt es auch Piraten. Viele Seefahrer erhielten nur sehr wenig Lohn und wurden zudem schlecht behandelt. Deshalb übernahmen sie oft selbst die Schiffe und wurden so zu Piraten. Erst später überfielen sie andere Handelsschiffe. Sie bauten diese meist so um, dass sie schneller wurden. Dazu entfernten sie die Aufbauten auf dem Deck.
Auf Piratenschiffen war es eng. Geschlafen wurde zwischen Kanonen, auf Säcken oder in Hängematten. Das Essen war eintönig und ungesund. Viele Piraten waren krank, denn sie ernährten sich oft nur von Schiffszwieback und Hülsenfrüchten.
An den Küsten, an denen Piraten die Beute verkauften oder sich mit Proviant eindeckten, entstanden reiche Städte.
Man nannte sie damals auch Piratennester.

2 Lies die Fragen und unterstreiche dazu die Antworten im Text in verschiedenen Farben.

Wer wurde Pirat?

Wie wurden die Handelsschiffe umgebaut?

Wie lebten sie auf den Schiffen?

Was sind Piratennester?

3 Ordne nun den Fragen die entsprechenden Stichpunkte schriftlich zu.

4 Erzähle mit deinen Stichwörtern, was du über Piraten erfahren hast.

SB S. 74/75

Achtung! Spukzeit!

1. Lies das Gedicht unten zweimal leise durch.

2. Markiere im Gedicht:
   - Wie soll jede Zeile klingen: fröhlich oder gruselig?
   - Welche Zeilen sollen leise, welche laut gesprochen werden?
   - Welche Wörter können betont werden? Unterstreiche sie.
   - Setze Pausenstriche: / = kurze Pause ; // = lange Pause.

laut / leise	*Wie soll es klingen?*	**Achtung! Spukzeit!**	*Pausen*
	gruselig	In der <u>Nacht</u>, in der <u>Nacht</u>,	/
		wenn der bleiche Mond erwacht,	
		hört man vor des Schlosses Toren	
		grässlich grausliches Rumoren.	
		Eine Stimme zischelt: „Hier!	
		Schlossgespenster! Folget mir!	
		Es ist Spukzeit! Aufgewacht!	
		Horch! Gleich schlägt es Mitternacht!“	
		Da! Kaum hat es zwölf geschlagen,	
		geht's dem Schlossherrn an den Kragen.	
		Denn schon flitzen sie herbei	
		mit Gewimmer und Geschrei!	
		Flattern wild durch Tor und Fenster –	
		hundertdreizehn Schlossgespenster!	
		Rumpeln, pumpeln, kichern, keuchen!	
		Bis sie – hui! – ganz schnell entfleuchen.	
		Schluss! Die Spukzeit ist vorbei.	
		(Morgen spuken wir aufs Neu.)	

Roswitha Fröhlich

3. Trage das Gedicht deinem Partner vor.
   Überprüft, ob die Betonung passt. Welche Tipps kann er dir geben?

SB S. 79

Ein Gespenst basteln

❶ Ordne die Bastelschritte den Bildern zu.

Du benötigst:
- *einen Styroporball, eine runde Holzleiste 40 cm,*
- *weißen Stoff mit etwa 45 cm Seitenlänge,*
- *Bindfaden, Filzreste, Schleifenband*

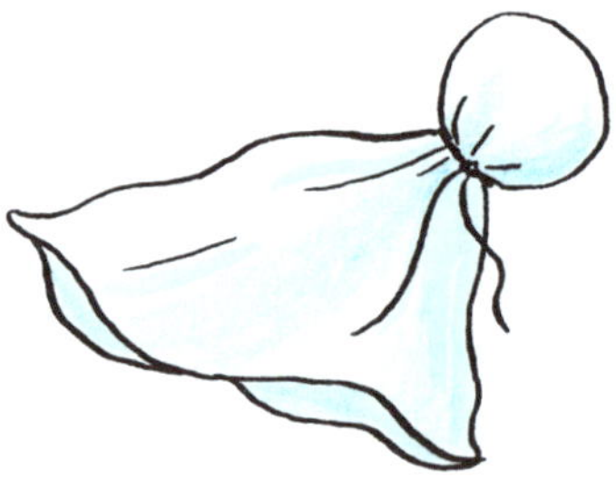	1	☐	• *vier lange Bindfäden an die Ecken des Stoffes knoten*
	2	☐	• *Styroporkugel mit Schleifenband in die Stoffmitte einbinden*
	3	☐	• *die freien Enden der Fäden so an die Holzleiste knoten, dass der Stoff leicht angehoben wird*
	4	☐	• *Gesicht mit Filzresten gestalten*

❷ Bastle das Gespenst nach den Vorgaben.

❸ Beschreibe nun, wie du vorgegangen bist.

④ Ihr könnt mit den Gespenstern ein Theaterstück spielen.

Tierisches

Wo ist die Schnecke?

❶ Finde die acht Wörter und setze sie in den Text ein.

E	N	T	D	E	C	K	T	H	L
N	P	S	C	H	N	E	C	K	E
L	O	C	K	E	R	B	J	U	P
S	A	G	F	J	H	E	C	K	E
F	E	C	P	E	G	L	Ü	C	K
S	T	R	E	C	K	E	B	L	M
A	C	K	E	R	M	N	B	V	C
X	H	O	C	K	T	Y	Z	U	P

Tim ____________ eine ____________. Sie ____________

unter einer____________. Will sie zurück zum ____________?

Für diese ____________ braucht sie ____________ eine Stunde.

Zum ____________ kommt kein Auto.

❷ Unterstreiche ck .

❸ Trenne die Wörter in der Schnecke durch einen Strich voneinander.

❹ Trage die Wörter nach Wortarten geordnet in die Tabelle ein.

Substantive	Verben	Adjektive

❺ Schreibe die Substantive und Verben nach Silben getrennt in dein Heft.

SB S. 90

Der Eichelhäher

Familie:	Rabenvögel
Körperlänge:	32 – 35 cm
Aussehen:	rötlich-graues bis braunes Gefieder, schwarzer Bart, schwarz-weiße Flügel, blau schillernde Federn an der Schulter
Ernährung:	pflanzliche und tierische Kost, z. B. Insekten, Eicheln, Haselnüsse, Beeren

1. Schreibe aus den Angaben des Steckbriefes einen Sachtext zum Eichelhäher. Achte auf die Aufzählungen.

2. Markiere alle Kommas.

SB S. 92/93

Ein Besuch im Zoo

Endlich ist der Tag des Zoobesuchs gekommen.

Die Kinder der Klasse 3 und ihre Lehrerin warten auf den Bus.

Wann ist der Bus denn endlich da? will Lotta wissen.

In dem Moment ruft Tim Da hinten kommt er doch!

Wartet bitte alle, bis der Bus steht! ermahnt die Lehrerin.

1. Unterstreiche die wörtliche Rede.
2. Trage nun die fehlenden Satzzeichen ein.

3. Schreibe auf, was die Kinder sagen. Formuliere passende Begleitsätze. Beginne jeweils mit dem Begleitsatz.

4. Unterstreiche die wörtliche Rede und den Begleitsatz unterschiedlich.
5. Stelle die Sätze nun so um, dass der Begleitsatz hinten steht.

6. Unterstreiche die wörtliche Rede und den Begleitsatz unterschiedlich.

SB S. 94

Tierischer Unsinn

Die Affen klettern auf Palmen,	weil sie Nektar sammeln.
Die Maulwürfe sind fast blind,	denn sie pflücken Kokosnüsse.
Die Elefanten trompeten,	denn sie leben unter der Erde.
Die Bienen fliegen auf Blüten,	weil sie den Tierpfleger erkennen.

1 Schreibe die Sätze richtig auf.

2 Einige Kinder möchten unbedingt Haustiere haben. Die Eltern erlauben es, stellen aber Bedingungen. Bilde zwei Sätze mit aber .

Du kannst einen Hund haben,

aber

Du kannst

SB S. 95

Bei den Elefanten

Die Kinder besuchen den Tierpfleger.
Er berichtet über seine Arbeit.
Dann begleiten sie ihn zu den Elefanten.
Er füttert die Elefanten und kehrt das Gehege.

1 Unterstreiche die Verben.

2 Lotta schreibt einen Bericht für die Zeitung. Übertrage den Text ins Präteritum.

Die Kinder besuchten

3 Setze die Verben im Präteritum ein.

Die Pinguine ____________ im Wasser.
(tauchen)

Die Affen ____________ an einem Seil.
(klettern)

Die Giraffen ____________ Blätter am Baum.
(fressen)

Die Kinder ____________ die kleinen Ziegen.
(streicheln)

Am Schluss ____________ alle Kinder ein Eis.
(bekommen)

4 Welche beiden Verben verändern sich im Präteritum am meisten?

5 Schreibe im Präteritum, was die Kinder im Zoo noch erlebt haben.
Diese Wörter können dir helfen:

Affe *Käfig* *Seil* *klettern* *schnell* *Banane* *schnappen*

Ein Erlebnis im Zoo

1. Schreibe zu einem der Bilder eine Erlebnisgeschichte. Beginne mit einer kurzen Einleitung (Wo? Wann? Wer?) und erzähle im Hauptteil ein Erlebnis.

2. Ihr könnt die Geschichte in einer Schreibkonferenz vorlesen. Habt ihr die Schreibtipps beachtet?

SB S. 97

Rätsel

❶ Male jeweils die Reimpaare in einer Farbe an.

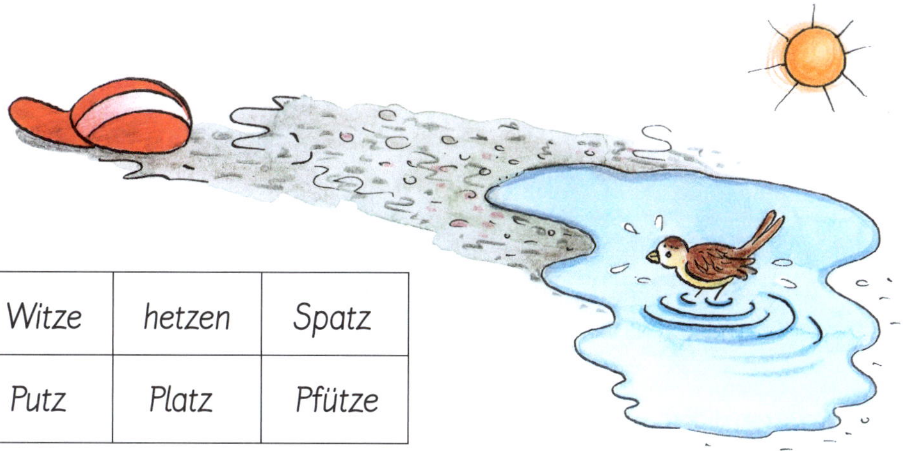

Mütze	Schmutz	Witze	hetzen	Spatz
Hitze	petzen	Putz	Platz	Pfütze

❷ Schreibe die Reimpaare nach Silben getrennt auf. Markiere tz farbig.
Schreibe so: *Müt – ze – …,*

____

____

____

❸ Welche Wörter werden nicht getrennt?

❹ Setze die Wörter mit tz richtig ein.

Die ____________ hält schon viele Wochen an.
____________ nehmen ein Bad in der ____________.

Das ____________ steht ohne ____________
am Waldrand. Es hat sich ____________.
____________ hört es Kinder über
die Wiese ____________.

Schutz	verletzt
Rehkitz	flitzen
Spatzen	plötzlich
Hitze	Pfütze

⑤ Du kannst die Geschichte zu Ende schreiben. Finde eine Überschrift.

SB S. 98

Eine Katzenkarte basteln

Karton längs falten

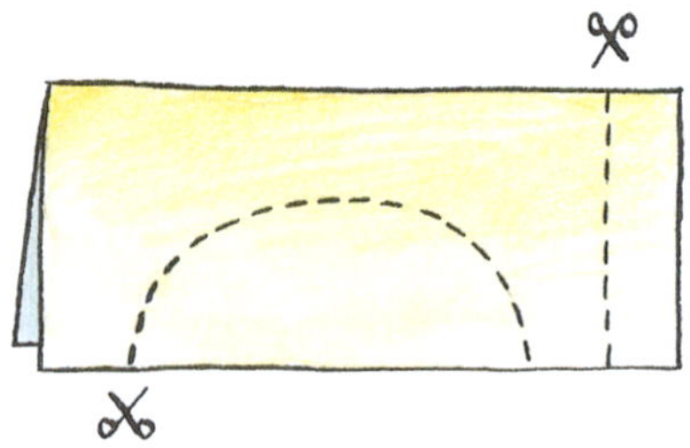

Beine und Körper aufzeichnen und ausschneiden

Kopf und Schwanz aufzeichnen und ausschneiden

Kopf und Schwanz ankleben, Katze anmalen

① Du kannst die Katzenkarte nach den Vorgaben basteln.

❷ Schreibe im Perfekt auf, wie du die Karte gebastelt hast.

Ich habe den Karton längs gefaltet.

❸ Unterstreiche die zweiteiligen Perfektformen.

SB S. 99

Schnecken

Schnecken sind Weichtiere, denn sie haben keine Knochen. Durch das Zusammenziehen ihrer Muskeln bewegen sie sich wellenartig vorwärts. Dabei hinterlassen sie eine Schleimspur.
Die Schnecke ertastet ihren Weg mit ihren empfindlichen Fühlern. Am Kopf hat sie zwei Paar. Auf den längeren Fühlern sitzen die Augen. Die kürzeren Fühler dienen zum Riechen und Tasten. Schnecken sind mit ungefähr drei Jahren geschlechtsreif.
Sie sind Zwitter. Das heißt, sie sind männlich und weiblich zugleich. Trotzdem müssen sich zwei Schnecken paaren, um Nachwuchs zu bekommen. Dabei schmiegen sie ihre Körper aneinander. Nach der Paarung legt die Schnecke zirka 30 bis 60 Eier in eine kleine Grube. Nach etwa drei bis vier Wochen schlüpfen die kleinen Schnecken.

1 Umrahme die richtigen Antwortbuchstaben. Schreibe das Lösungswort auf.

Warum gehören die Schnecken zu den Weichtieren?

W weil sie nur weiches Futter fressen F weil sie keine Knochen haben

Wie bewegt sich die Schnecke vorwärts?

L durch Krabbeln Ü durch das Zusammenziehen ihrer Muskeln

Welche Fühler dienen zum Riechen und Tasten?

H die kürzeren Fühler B die längeren Fühler

Was bedeutet „Zwitter“?

G sächlich L männlich und weiblich zugleich

Wohin legen die Schnecken ihre Eier?

A in eine tiefe Grube E in eine kleine Grube

Wann schlüpfen die Schnecken?

R nach drei bis vier Wochen K nach drei bis vier Tagen

Am Kopf befinden sich zwei Paar ___ ___ ___ ___ ___ ___ .

SB S. 101

Raben-Fabeln

❶ Lies die Fabeln auf den Seiten 102/103.

❷ Unterstreiche die zusammengehörigen Fabelteile mit der gleichen Farbe.

Dem Raben kam zu Ohren, dass die Pfauen ein großes Fest feiern wollten, und er wünschte sich sehnlichst, teilnehmen zu können.

Ein Adler wollte einmal eine Nuss mit seinem Schnabel aufhacken. Da kam ein Rabe angeflogen und ließ sich auf einem Ast neben ihm nieder.

Da sah er im Geflügelhof die Federn liegen, die den Pfauen nach der Mauser ausgefallen waren, und er beschloss, sich damit zu verkleiden und der Festgesellschaft ein Schnippchen zu schlagen.

„Wenn ich du wäre und so hervorragend fliegen könnte, würde ich ganz hoch fliegen. So hoch, wie es nur geht. Dann würde ich die Nuss einfach fallen lassen. Nur so wirst du an den Kern kommen."

Im ersten Augenblick waren alle Gäste von dem stattlichen Rad des Raben beeindruckt. Doch dann entdeckten sie den Betrug.

„Man soll sich nicht mit fremden Federn schmücken!"

❸ Schreibe die Lehre der Fabel „Rabe und Pfauen" mit eigenen Worten auf.

❹ Schreibe die Fabel „Der Adler und der Rabe" in deinem Heft zu Ende.

❺ Welche Adjektive passen zu den Raben in beiden Fabeln? Unterstreiche.

eitel *dumm* *schlau* *kurz* *hinterlistig* *schief* *betrügerisch* *unehrlich*

SB S. 102/103

Menschenaffen

❶ Lies die Texte auf Seite 105. Ergänze die Steckbriefe.

Der Schimpanse

Familie: ______________________

Größe: ______________________

Gewicht: ______________________

besondere Kennzeichnen: ______________________

____

besondere Fähigkeiten: ______________________

____

Der Gorilla

Familie: ______________________

Größe: ______________________

Gewicht: ______________________

besondere Kennzeichnen: ______________________

____

besondere Fähigkeiten: ______________________

____

② Du kannst Informationen über Orang-Utans sammeln und einen Steckbrief zu ihnen schreiben.

SB S. 105

Von der Schrift zum Buch

Schriften

❶ Verbinde die passenden Teile. Schreibe die Sätze richtig auf.

Die Ägypter schrieben	●	●	von rechts nach links.
Das älteste Abc entstand	●	●	auf Papyrus.
Manche Schriften verlaufen	●	●	in Tontafeln geritzt.
Die Keilschrift wurde	●	●	vor etwa 3 600 Jahren.

❷ Erfrage die Subjekte. Unterstreiche sie.

❸ Schreibe eine Frage und eine Antwort auf.

❹ Erfrage die Prädikate. Unterstreiche sie in einer anderen Farbe.

❺ Schreibe eine Frage und eine Antwort auf.

SB S. 118

Im Museum

Lara informiert sich über die Fundstücke aus dem alten Ägypten.

Die Ägypter ________________ eine Bilderschrift.

Sie ________________ in Hieroglyphen.

Jedes Schriftzeichen ________________ für ein Wort.

Forscher ________________ sie auf Tempelwänden.

stehen

finden

benutzen

schreiben

1. Wähle die treffenden Prädikate aus.
   Setze sie in der richtigen Zeitform ein.

2. Unterstreiche in jedem Satz den Satzkern.

Lara liest. | *über das alte Ägypten* | *interessiert* | *die Geschichten*

3. Bilde aus dem Satzkern und den Satzgliedern einen Satz.
   Stelle den Satz so oft um, dass jedes Satzglied einmal am Satzanfang steht.

4. Unterstreiche jeweils den Satzkern.

5. Was liest du gern? Bilde einen Satz mit mehreren Satzgliedern.

6. Trenne die Satzglieder durch Striche voneinander.
   Unterstreiche den Satzkern.

SB S. 119

Handschriften

Mönche *Druckverfahren* *Jahre* *viele*

Seit dem frühen Mittelalter wurden Bücher durch Kinder abgeschrieben.
Für ein Buch brauchten sie mehrere Tage.
Erst im 15. Jahrhundert erfand Gutenberg das Gießverfahren.
Nun konnten in wenigen Tagen zwei Bücher hergestellt werden.

1. Streiche die falschen Wörter durch.
   Schreibe die Sätze mit den richtigen Wörtern auf.

2. Erfrage und unterstreiche die Bestimmungen der Zeit.

3. Setze die Bestimmungen der Zeit richtig ein.

seit dieser Zeit *früher* *heute* *im 19. Jahrhundert*

______________ nannte man die Buchdruckerei „Schwarze Kunst“.

Der Farbdruck entwickelte sich erst ____________________________.

____________________________ gestaltete man Märchenbücher bunt.

____________ gehören farbige Abbildungen zu allen Büchern dazu.

4. Erfrage die Subjekte und Prädikate. Markiere sie unterschiedlich.

SB S. 120

Wörterrätsel

❶ Unterstreiche die Reimpaare mit einer Farbe. Schreibe sie auf.

❷ Unterstreiche das Dehnungs-h.

❸ Schreibe Wörter zur Wortfamilie fühlen auf. Unterstreiche den Wortstamm.

❹ Bilde Substantive aus den Verben mit der Endung -ung .
Schreibe sie mit Artikel auf.

vorstellen *erzählen* *einführen* *bedeuten*

❺ Setze die Substantive aus Aufgabe 4 richtig ein.

Die Bibliothekarin gibt eine kurze ____________________ in das Buch.

Nach der ____________________ der Figuren liest sie daraus vor.

Welche Figur hat wohl eine besondere ____________________?

Die Kinder lauschen gespannt ihrer ____________________.

⑥ Du kannst eigene Sätze mit den Substantiven bilden.

SB S. 121

Altpapier

legen *sparen* *schreiben* *ausbreiten* *werfen*

Zu Hause ______________ Lotta auch Papier.

Bedruckte Seiten ______________ sie noch einmal in den Drucker.

Oft ______________ sie auch Notizen auf die Rückseiten.

Alte Zeitungen ______________ sie im Meerschweinchenkäfig

auf dem Boden ______________. Nicht mehr benötigtes Papier

______________ sie in die Papiertonne im Keller.

1. Vervollständige die Sätze.
2. Erfrage und unterstreiche die Bestimmungen des Ortes.
3. Erfrage die Subjekte und Prädikate. Unterstreiche sie mit verschiedenen Farben.
4. Wie kannst du Papier sparen? Du kannst es auch aufschreiben.

Jonas sitzt im Internet.

Er sucht einen Wertstoffhof dorthin.

Am Computer will seine Klasse einen Ausflug machen.

Jonas findet in seiner Nähe alle Angaben.

5. Unterstreiche die Bestimmungen des Ortes.
6. Schreibe die Sätze richtig auf.

SB S. 122

Freunde-Bücher

❶ Welcher Text ist ein Sachtext, welcher ein erzählender Text?
Schreibe es darunter.

In ein Freunde-Buch schreibt man seinen Namen, seine Adresse und weitere persönliche Angaben. Oft werden auch gute Wünsche für einen Freund oder eine Freundin aufgeschrieben. Man sollte versuchen, besonders schön zu schreiben. Manche Kinder verwenden auch Leuchttinte.

Lotta hat Anna ihr Freunde-Buch gegeben. Nun schreibt Anna mit Füller ihren Namen und ihre Adresse auf. Dann verrät sie, dass Pippi Langstrumpf ihr Lieblingsbuch ist. Plötzlich verunstalten zwei große Tintenkleckse die Seite. „Oh je, was soll ich jetzt nur tun?", ruft Anna. …

❷ An welchen Merkmalen hast du erkannt, um welche Textsorte es sich handelt? Schreibe sie auf.

Sachtext:

erzählender Text:

❸ Schreibe auf, was man in ein Freunde-Buch noch hineinschreiben kann.

④ Du kannst den erzählenden Text zu Ende schreiben.

SB S. 124

Abenteuergeschichten

Dachboden	Schiffsunglück	Hexe
Schatzkiste	Insel	Aufgabe
öffnen	schwimmen	zaubern
uralt	hungrig	glücklich

1. Wähle ein Bild aus. Schreibe eine Geschichte. Verwende dazu die Reizwörter unter deinem Bild.
2. Überlege, was in deiner Geschichte passieren soll. Schreibe es in Stichpunkten auf.

Einleitung:

Hauptteil:

Schlussteil:

3. Schreibe die Geschichte in dein Heft. Male ein Bild dazu.

SB S. 125

Bücher

Titel *Autor* *Illustrator* *Inhaltsverzeichnis* *Register* *Klappentext*

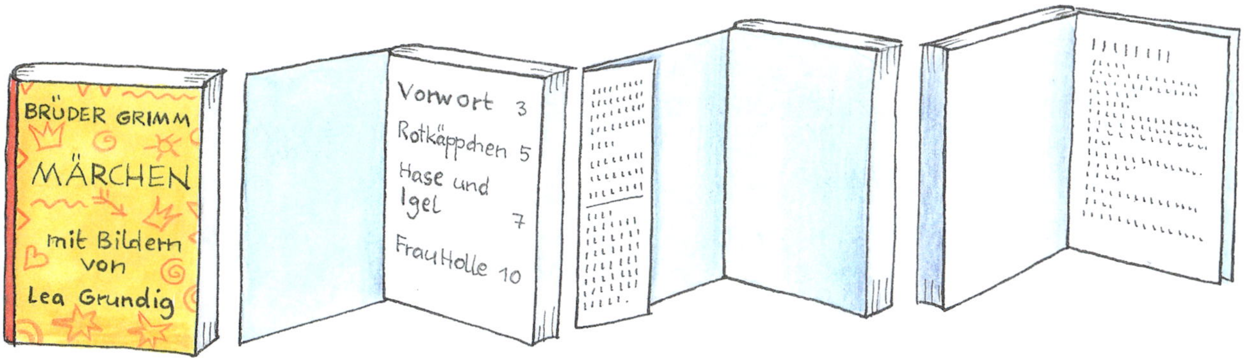

❶ Erklärt euch gegenseitig die Begriffe. Ordnet sie dann richtig zu, indem ihr jeden Begriff mit dem richtigen Bild verbindet.

② Sucht diese Angaben in euren Lieblingsbüchern. Stellt sie in der Klasse vor.

gießen *fleißig* *Gruß* *heiß* *stoßen* *Spaß*

Substantive	Verben	Adjektive

❸ Ordne die Wörter richtig ein.

❹ Ergänze weitere Wörter mit ß.
Überprüfe mit dem Wörterbuch.

❺ Unterstreiche ß.

⑥ Du kannst mit jedem Wort einen Satz aufschreiben.

SB S. 126/127

Unheimliche Geschichten

Jonas liest abends heimlich im Bett.

Er schläft dabei über seinem Buch ein.

Er hört plötzlich ein leises Geräusch.

Er schleicht vorsichtig zum Fenster.

Er entdeckt an der Scheibe ____________________.

❶ Was könnte Jonas am Fenster entdecken? Ergänze.

❷ Schreibe abwechslungsreicher, indem du die Satzglieder umstellst.

❸ Ergänze jeden Satz sinnvoll mit den Satzgliedern.

eine helle Leselampe *eine spannende Geschichte*

über ein kleines Gespenst *unter der Decke*

neben ihrem Bett *mit lautem Geschrei* *ins Zimmer*

Anna liest ____.

Es brennt ____.

Ihr Bruder stürzt ______________________________________.

Anna versteckt sich ____________________________________.

SB S. 126/127

Lesenacht

Die Kinder der Klasse 3a sind Freitagabend in die Schulbibliothek eingezogen. Eine Nacht lang wollen sie Gespenster- und Gruselgeschichten hören und lesen. Frau Schröder, die Klassenlehrerin, liest zu Beginn einige Kapitel aus dem Buch „Das Schulgespenst“ von Peter Abraham vor. Das Mädchen Carola Huflattich erlebt mit dem Schulgespenst Buh merkwürdige Abenteuer. Nun können sich die Kinder aus den CDs, Kassetten und Büchern selbst Geschichten auswählen. Sie lesen, lauschen den Geschichten in Hörbüchern oder malen Bilder. Um Mitternacht löscht Frau Schröder alle Lichter. Schade, es hat so viel Spaß gemacht!

1. Lies die Fragen. Unterstreiche die Antworten im Text.
2. Beantworte die Fragen in Sätzen.

Welche Geschichten wollen die Kinder in der Bibliothek lesen und hören?

Aus welchem Buch liest die Klassenlehrerin vor?

Wer ist Buh?

Was tun die Kinder in der Lesenacht?

SB S. 132/133

Wie ein Buch entsteht

1. Lies den Text auf Seite 134/135.
2. Ordne den Berufen die richtigen Tätigkeiten zu.

Die Schriftstellerin ●	● entscheidet, wann das Buch erscheint.
Die Lektorin ●	● malt passende Bilder.
Der Verleger ●	● hat die Idee zum Buch.
Die Herstellerin und die Layouterin ●	● vervielfältigt den Text mit Druckmaschinen.
Der Illustrator ●	● heftet die Seiten des Buches zusammen.
Der Drucker ●	● liest alle Texte und berät die Schriftstellerin.
Der Buchbinder ●	● verkauft die neuen Bücher.
Die Buchverkäuferin ●	● überlegen, wie der Text und die Bilder angeordnet werden.

3. Schreibe die Sätze in dein Heft.
4. Unterstreiche jeweils den Satzkern.
5. Sprecht darüber, welchen Beruf ihr besonders interessant findet. Begründet eure Meinung.

Reise nach Frankreich

Bonjour!

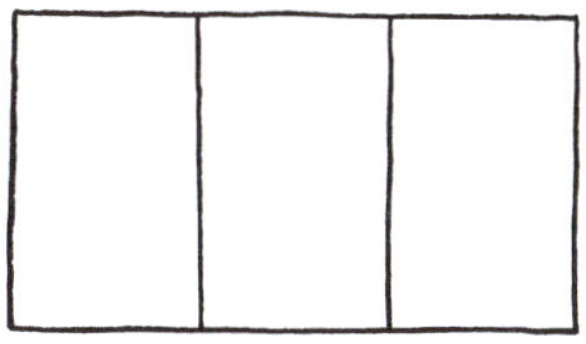

Frankreich

Türkei

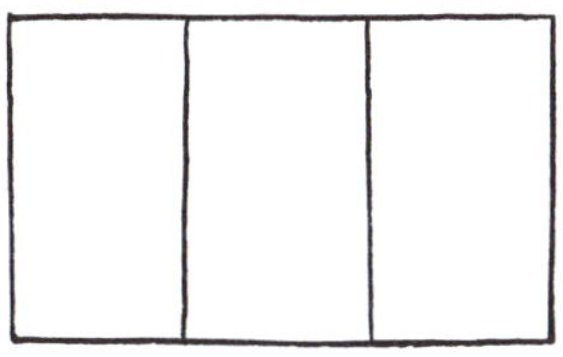

Italien

Großbritannien

Deutschland

❶ Schreibe auf, woher die Kinder kommen.

Pierre kommt aus

② Male die Fahnen aus. Schlage dazu im Lexikon nach.

❸ Schreibe die deutschen Substantive mit Artikel auf.

la maison
the house

le soleil
the sun

la fleur
the flower

Von einem Ausflug erzählen

Paul erzählt seinen Eltern am Telefon:

Gestern sind wir in den ältesten Stadtteil von Paris gegangen. Dort haben wir die Kathedrale Notre-Dame besichtigt. Die 70 m hohe Kirche haben leider auch viele andere Menschen besucht. Deshalb haben wir lange gewartet. Endlich sind wir auf die Aussichtsterrasse gestiegen. Von dort haben wir neben der Kirche die Seine gesehen. In der Ferne haben wir den Eiffelturm entdeckt. Danach haben wir uns ein leckeres Eis gekauft.

1. Unterstreiche die Perfektform der Verben.

2. Schreibe für Paul einen Brief an seinen Freund. Setze den Text dabei ins Präteritum.

SB S. 147

So ist es in Frankreich

❶ In dem Rätsel findest du neun Adjektive.
Kreise sie ein.

R	A	S	A	N	T	I	N	H	O	C	H
T	E	U	E	R	T	E	R	B	U	N	T
E	S	R	I	E	S	I	G	L	A	U	T
S	P	A	N	N	E	N	D	S	A	N	T
L	E	C	K	E	R	M	O	D	E	R	N

❷ Die übrig gebliebenen Buchstaben ergeben das Wort:

❸ Wähle sechs Adjektive aus.
Schreibe sie untereinander in der Tabelle auf.
Bilde daneben die Vergleichsstufen.

Grundstufe	Mehrstufe	Meiststufe

❹ Unterstreiche die Veränderungen.

⑤ Bilde mit den restlichen Adjektiven jeweils einen Satz.
Schreibe die Sätze in dein Heft.

SB S. 148

Paris für Kinder

In Paris gibt es sehr viele Museen und alte Gebäude zu besichtigen. Im berühmten Museum Louvre kann man viele bekannte Bilder betrachten.
Hier hängt auch die „Mona Lisa".
Die Kirche Sacre-Coeur liegt auf dem Hügel Montmartre. Von hier hat man einen tollen Blick über die Stadt.

Paris hat viele Parks und einige bieten Attraktionen für Kinder.
Im Jardin de Tuileries kann man kleine Segelboote mieten oder auf Ponys reiten.
Außerhalb der Stadt liegt der Parc Asterix. Das ist ein großer Freizeitpark. Hier kann man den ganzen Tag mit Asterix und Obelix verbringen.

❶ Welche Sehenswürdigkeiten werden genannt?
Was kannst du dort besichtigen?
Unterstreiche im Text mit unterschiedlichen Farben.

❷ Übertrage die Tabelle in dein Heft und fülle sie aus.

Sehenswürdigkeit	Was ist zu besichtigen?
Museum Louvre	

Einem Text Informationen entnehmen und markieren, Eintrag in eine Tabelle

SB S. 149

In der Schlossküche

Ferdinand ist Küchenjunge in der Schlo___küche.
Fast den ganzen Tag verbringt er in dem
hei___en und ru___igen Raum.
In dem gro___en Kamin bereiten die Köche
das E___en zu. Ferdinand vergi___t nie, Holz
nachzulegen. Dann flie___t bei ihm der Schwei___.
Ferdinand mu___ für die Köche Wa___er am
Brunnen holen. Au___erdem rührt er im Ke___el.
Vorsichtig gie___t er die Suppe in die Schü___el.
Manchmal stiehlt er sich ein paar Nü___e.

1. Markiere, ob der Vokal, Zwielaut oder Umlaut vor dem s-Laut kurz oder lang gesprochen wird.
2. Setze ss oder ß ein.
3. Schreibe den Text im Präteritum in dein Heft.

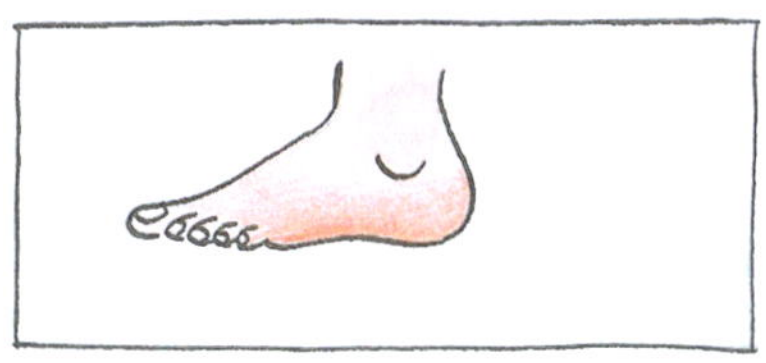

4. Schreibe die Substantive zu den Bildern auf.
5. Bilde zu jedem Substantiv zusammengesetzte Substantive. Schreibe sie in dein Heft.

SB S. 150

Sehenswertes

❶ Was gehört zu welchem Oberbegriff?
Unterstreiche grün: Tour de France, rot: Sehenswürdigkeiten, blau: Essen.

❷ Trage Verben mit ng oder nk in das Rätsel ein.

Lieder kann man

Zum Geburtstag kann man etwas

Wer ein Geschenk bekommt, soll sich

Die Katze will die Maus

Vom Turm kann man ins Wasser

Wer Durst hat, muss

Man hört die Glocken

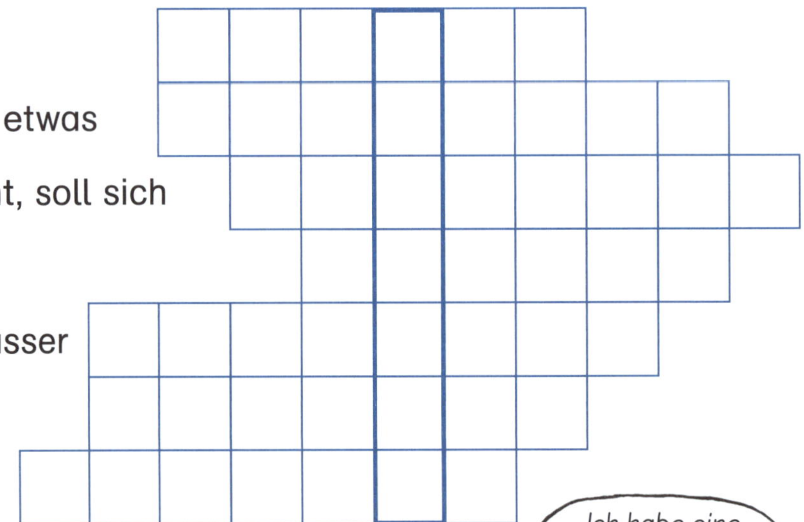

❸ Senkrecht ergibt sich ein Lösungswort:

______________________________.

❹ Stelle zu einem dieser Verben eine Wortfamilie zusammen und schreibe sie in dein Heft.

Beim Radfahren

❶ Jeweils ein Wort aus der oberen Reihe und der unteren Reihe ergeben ein zusammengesetztes Substantiv. Verbinde.

Floh *Fahrrad* *Blumen* *Menschen* *Sieger*

Strauß *Markt* *Menge* *Ehrung* *Tour*

❷ Setze die zusammengesetzten Substantive passend in den Text ein.

Paul und Lena machen eine ______________________________.

Auf einem ______________________________ wollen sie bummeln gehen.

Plötzlich müssen sie vor einer ______________________________ anhalten.

Hier findet die ______________________________ der Tour de France statt.

Der Sieger hält einen ______________________________ hoch.

❸ Ordne die Wörter in die Tabelle ein.

Lenker *langsam* *rund* *Elefant* *gelangweilt* *Elefanten*

lenkbar *rundlich* *entlang* *Elefantenfuß* *lenken* *Runde*

ng	nk	nd	nt

❹ Markiere den Wortstamm.

Grundschule in Frankreich und Deutschland

Henri und Paula erzählen jeweils von ihrer Grundschule:

„Wir gehen schon mit fünf Jahren in die Schule."

„Von 8.30 Uhr bis 16.30 Uhr sind alle Kinder in der Schule."

„Die Schule ist in ganz Frankreich gleich."

„Unsere Grundschule dauert fünf Jahre. Sie heißt école primaire."

„Bei uns gibt es keinen Religionsunterricht."

„Die Schule ist in den einzelnen Bundesländern sehr unterschiedlich."

„Wir werden meistens mit sechs Jahren eingeschult."

„Wir haben oft nur bis zum Mittag Unterricht."

„Bei uns in der Schule gibt es Religionsunterricht."

„Unsere Grundschule dauert entweder vier oder sechs Jahre."

1. Lies die Sätze.
2. Markiere die Aussagen mit der gleichen Farbe, die das gleiche Thema betreffen.
3. Lege im Heft eine Tabelle mit Pro und Kontra an. Ordne die Aussagen zu.
4. Welches Schulsystem findest du besser? Begründe deine Meinung.

Lesen, zwei Systeme vergleichen, Pro und Kontra abwägen, den eigenen Standpunkt vertreten

SB S. 153

Französisch für Anfänger

Kostüm *Friseur* *Parfüm* *Crêpes* *Trikot* *Dessert*

Ein ____________________ schneidet Haare.

Pfannkuchen heißen in Frankreich ____________________.

Das duftende Wasser in kleinen Fläschchen heißt ____________________.

Im Theater tragen die Schauspieler ein ____________________

Ein Oberteil, das man beim Sport trägt, ist ein ____________________.

Ein ____________________ ist ein süßer Nachtisch.

❶ Setze die richtigen Wörter in die Lücken ein.

Apfelmus

☐ Dann schneidest du sie in kleine Stücke.

☐ Du brauchst fünf große Äpfel.

☐ Diese werden geschält, halbiert und entkernt.

☐ Lass das Ganze köcheln,
bis die Apfelstückchen zerfallen sind.

☐ In einem Topf erhitzt du 150 ml Wasser und gibst
die Apfelstücke mit drei Esslöffeln Zucker hinzu.

❷ Nummeriere die Sätze in der richtigen Reihenfolge.

③ Schreibe das Rezept in dein Heft.

SB S. 154/155

Briefe von Felix

1 Lies den Text auf Seite 160/161. Beantworte die Fragen in Sätzen.

Wo liest Sophie den Brief von Felix?

Wo wohnt Felix in Paris?

Wie lang ist das Brot, das die Leute unterm Arm tragen?

Wie heißt das Spiel mit den Kugeln, das Felix beschrieben hat?

Was serviert Oma zum Abendessen?

Was flüstert Oma, als sie zum Gute-Nacht-Sagen kommt?

Was zählt Sophie in dieser Nacht?

SB S. 160/161

Frankreich-Quiz

1 Fülle das Kreuzworträtsel aus.
Schlage die richtige Schreibung der Wörter im Kapitel nach.

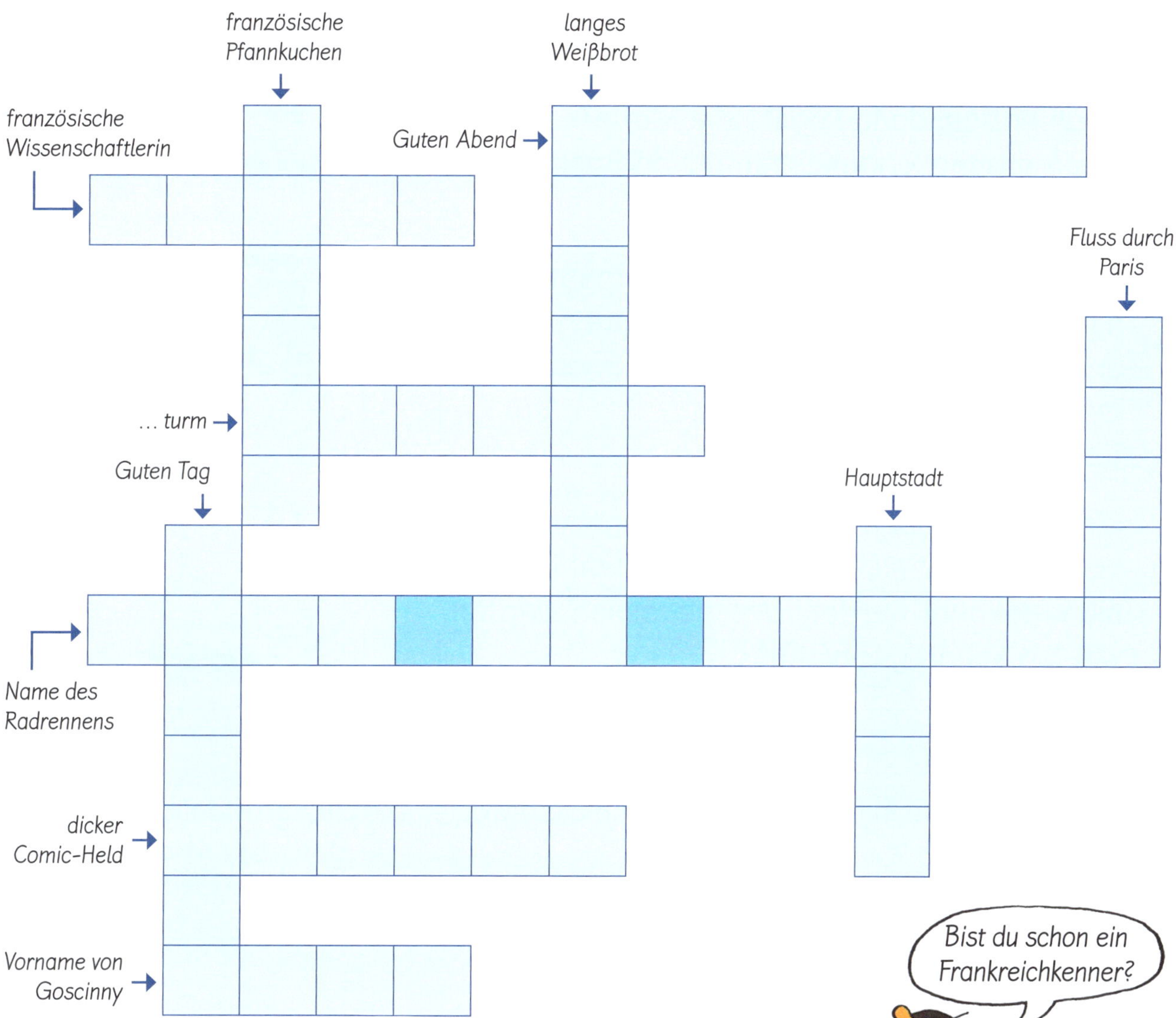

SB S. 162/163

Das Jahr

Der Kartoffelkönig

❶ Lies die Geschichte auf Seite 172/173.
Nummeriere die Texte in der richtigen Reihenfolge.

Da begegneten ihm zwei arme Kinder. Die hatten Hunger und sie sagten: „Ach, was läuft da für eine dicke Kartoffel! Wenn wir die zu Haus hätten, dann könnte die Mutter uns einen großen Reibekuchen davon backen!“	
„Nein!“, rief der Kartoffelkönig, „Großmutter mit der Brille hat mich nicht gefangen und du, Hexe Tannenmütterchen, kriegst mich auch nicht!“	
Eines Tages aber, da rief's aus der Kartoffelkiste: „Ich will nicht geschält werden! Ich will nicht gekocht werden! Und gegessen werden, will ich schon gar nicht!“	

Wilhelm Matthießen

❷ Unterstreiche in den Texten die Schlüsselwörter, die dir verraten, welches Bild zum Text passt.

❸ Nummeriere Text und das passende Bild gleich.

❹ Ergänze das Satzende.

Als das der Kartoffelkönig hörte,

SB S. 172/173

Goldene Welt

Im September ist alles aus Gold:
Die Sonne, die durch das Blau hinrollt,
das Stoppelfeld,
die Sonnenblume, schläfrig am Zaun,
das Kreuz auf der Kirche,
der Apfel am Baum.
Ob er hält?
Ob er fällt?
Da wirft ihn geschwind
der Wind
in die goldene Welt.

Georg Britting

❶ Was ist im September aus Gold? Unterstreiche.

❷ Schreibe die Substantive heraus.

___

___

❸ Was fällt dir zu diesen Monaten und Farben ein?
Ergänze entsprechende Substantive.

Im Mai ist alles grün: ___

___

Im Januar ist alles weiß: ___

___

④ Du kannst mit diesen Substantiven ein Gedicht schreiben.

❺ Hast du alles richtig geschrieben? Überprüfe mit dem Wörterbuch.

Substantive aus einem Text finden, zu Vorgaben Substantive assoziieren, Gedicht schreiben

Oktoberwind

Sturm	Orkan	Böe	Brise	Hurrikan

❶ Beschreibe die Unterschiede der Windarten.
Du kannst dazu im Lexikon oder Internet nachschlagen.

❷ Trenne die Substantive in der Wörterschlange durch Striche.

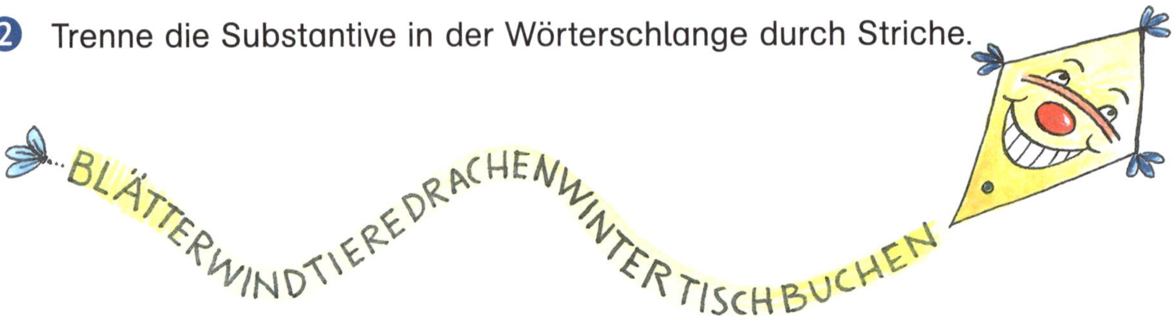

❸ Schreibe die Wörter
an die richtige Stelle des Gedichts.
Überprüfe durch Lesen.

Oktoberwind

Der ________________ reißt an den Zweigen,
die ________________ wehn davon …
Der Wind lässt ________________ steigen,
ein halbes Dutzend schon.

Und viele ________________ suchen,
was noch im ________________ schmeckt.
Der Wind hat unter ________________
für sie den ________________ gedeckt.

Sigrid Gregor

❹ Unterstreiche die Reimwörter in der gleichen Farbe.

❺ Schreibe das Gedicht ab und gestalte es.

⑥ Du kannst das Gedicht auswendig lernen.

Die Weihnachtsgans Auguste

❶ Schreibe Stichpunkte zu den Bildern. Wie könnte die Geschichte weitergehen?

❷ Schreibe die Geschichte danach in dein Heft.

SB S. 180/181

Neujahr in anderen Ländern

Das Neujahrsfest in China findet zwischen dem 21. Januar und dem 20. Februar statt. Oft schreibt man Glückwünsche und gute Sprüche für Freunde und Verwandte auf rotes Papier. Man heftet es an deren Haustür. Auf den Straßen werden Drachen- und Löwentänze aufgeführt. Der Wunsch zum neuen Jahr heißt „Xin nien quai ler!"

In Dänemark wird das Neujahrsfest wie bei uns am 1. Januar gefeiert. Man wünscht sich „Godt Nytar!" Das bedeutet „Gutes neues Jahr". Die Silvesternacht ist die lauteste Nacht im Jahr. Alle Kirchenglocken läuten und die Menschen laufen durch die Straßen, wobei sie auf Töpfe und Pfannen schlagen.

Das neue Jahr wird in Indien am 13. und 14. April gefeiert. Es ist gleichzeitig das Erntedankfest und wird „Baifakhi" genannt. Alle tragen bunte Kleidung, bei der aber die Farbe Gelb überwiegt. Man trifft sich auf den Straßen und geht singend zum Tempel. Einen besonderen Gruß gibt es für dieses Fest nicht.

❶ Lege eine Tabelle mit vier Spalten an.

❷ Trage die wichtigsten Informationen in die Tabelle ein.

Land	Wann feiert man?	Wie feiert man?	Glückwunsch

③ Du kannst ergänzen, wie in Deutschland gefeiert wird.

SB S. 182/183

Wintergeschichten

❶ Suche dir eine Gruppe von Wörtern aus, zu der du eine Geschichte schreiben möchtest.

❷ Schreibe deine Geschichte auf.
Denke an die Gliederung: Einleitung, Hauptteil, Schluss.

Olympiade *Zeit*

Reifen *Stiefel*

Nacht ***Winter*** *Kleidung*

Schlaf *Ferien*

Sport *Landschaft*

❸ Bilde zusammengesetzte Substantive. Schreibe sie mit Artikel auf.

❹ Suche passende Adjektive für den Winter.

Osterbräuche

❶ Lies den Text.

Seinen Namen hat das Osterfest wahrscheinlich von der Göttin Ostara erhalten. Ihr zu Ehren gab es das Frühlingsfest.
Wir feiern Ostern am Wochenende nach dem ersten Vollmond, das auf den 21. März folgt. Am Abend vor Ostersonntag wird in vielen Orten ein kleines Osterfeuer angesteckt und in die Kirche getragen. Daran wird die Osterkerze entzündet.
Zum Osterfest gibt es noch viele Bräuche, von denen man gar nicht mehr so genau weiß, wie sie entstanden sind.
Die Herkunft des Ostereis wird so erklärt: Schon der Göttin Ostara wurden als Opfergabe Eier dargeboten, denn das Ei ist seit jeher ein Symbol der Fruchtbarkeit.
Außerdem war bei den Katholiken früher das Essen von Eiern während der Fastenzeit verboten. So hatte man zu Ostern eine Menge Eier, die verzehrt werden mussten.
Das Färben von Ostereiern ist ein Brauch, der aus Osteuropa übernommen wurde.
Hasen wurden im Frühjahr öfter als sonst auf der Futtersuche in der Nähe von Dörfern gesehen. So sagte man, dass der Osterhase die Ostereier verstecke, weil die Hühner dazu viel zu langsam seien.

❷ Markiere die Textstellen in den angegebenen Farben, die dir Antworten auf die Fragen geben.

Rot: Woher erhielt das Osterfest seinen Namen?

Blau: Wann wird das Osterfest gefeiert?

Schwarz: Wieso spielt gerade das Ei zu Ostern so eine wichtige Rolle?

Grün: Welche Erklärung gibt es für den Osterhasen?

❸ Schreibe nun die Fragen mit den zugehörigen Antworten ins Heft.

SB S. 188

Die Schwalbenchristine

❶ Lies den Text auf Seite 192/193.

❷ Nina hat eine Nacherzählung zur „Schwalbenchristine“ geschrieben. Finde die Fehler und streiche die falschen Wörter durch.

Es war ein milder Herbsttag. Die Kinder spielten auf dem Hof vor der Ruinenwand. Plötzlich kamen Bauern und wollten die Wand in die Luft sprengen. Aber der kleine Jonas schrie: „Das dürft ihr nicht tun! Es wohnen noch kleine Meisen in der Ruinenwand. Sie würden sterben, weil sie noch nicht fliegen können.“

Alle berieten, was man tun könnte. Der dünne Peter wollte an der Ruinenmauer hochklettern. Ein kleines Mädchen fragte, ob es nicht mit einem Lasso ginge. Doch keiner der Vorschläge war hilfreich. Schließlich sagte der Meister: „In vier Stunden muss die Ruinenwand gesprengt sein.“ Da riss Christine das Fenster auf und beschwerte sich über den Krach. Doch Bobby fragte Christine: „Weißt du nicht, was wir tun können?“ Christine überlegte. Schließlich sagte sie: „Da kann nur die Polizei mit der langen Leiter helfen.“

Die Kinder rannten nun zur Feuerwache. Christine klingelte bei der Feuerwache und erzählte die Geschichte von den Schwalben. „Alle Krankenwagen sind unterwegs. Deswegen können wir auch leider eure Meisen nicht retten!“, sagte der Feuerwehrmann. Die Kinder standen lustig da. Schnell und beschwingt gingen sie zurück.

❸ Schreibe den Text richtig in dein Heft.

④ Du kannst die Geschichte zu Ende schreiben.

SB S. 192/193

Niki und das Dreimeterbrett

❶ Lies den Text auf den Seiten 194/195.

❷ Ordne den Aussagen die Nummern der Personen zu.

- ☐ Los, heute springen wir alle vom Dreimeterbrett!
- ☐ Ich habe Angst!
- ☐ Na, Niki, Spaß gehabt beim Baden?
- ☐ Ich will runter!
- ☐ Das Dreimeterbrett ist gar nicht hoch.
- ☐ Spring mal vom Dreimeterbrett, du Feigling!

❸ Kontrolliere deine Zuordnung.

❹ Schreibe nun so: *Bernd ruft: „…*

Waldameisen

Die großen Ameisenhaufen, die man im Wald sehen kann, sind das Werk der Roten Waldameise. Diese Haufen sind kein wildes Durcheinander von Baumnadeln, Blättern und Stöckchen, sondern hier gibt es viele Gänge, die weit unter die Erde reichen. In einem Ameisenhaufen leben bis zu 100 000 Waldameisen. Man nennt sie zusammen einen Ameisenstaat.
Die Königin kann einen neuen Staat auf unterschiedliche Weise gründen. Oft dringt sie einfach in ein anderes Nest der eigenen Art ein und wird aufgenommen. Häufig aber übernimmt sie das Nest einer anderen Ameisenart.
Die Wege, die die Roten Waldameisen bei der Futtersuche außerhalb des Baus gehen, bezeichnet man als Ameisenstraßen. Sie hinterlassen ihre Duftspur, um den Weg wiederzufinden.
Ameisenhaufen stehen unter Naturschutz, da die Ameisen viele Schädlinge des Waldes vernichten.

1. Lies den Text.

2. Nur drei Sätze sind richtig. Kreuze sie an.

- ☐ In einem Ameisenstaat leben bis zu 10.000 Ameisen.
- ☐ Manchmal übernimmt die Königin ein anderes Nest.
- ☐ Die Königin einer anderen Art lebt im Nest weiter.
- ☐ Die Wege der Ameisen nennt man Ameisenstraßen.
- ☐ Auf den Wegen hinterlassen die Ameisen Stöckchen.
- ☐ Die Waldameise vernichtet viele Schädlinge des Waldes.

3. Schreibe nun alle Sätze ins Heft. Berichtige dabei die falschen Sätze so, dass die Aussagen richtig sind.

SB S. 198

Der Zettel hinterm Spiegel

❶ Lies den Text auf den Seiten 200/201.

❷ Ordne die Sätze in der richtigen Reihenfolge. Nummeriere sie von 1 bis 8.

☐ Die Nachricht schrieb Jana aus Prag.
☐ Michalko erklärte Susanne, was auf dem Zettel stand.
☐ Susanne schrieb in Schönschrift eine Nachricht auf.
☐ Hinter dem Spiegel entdeckte sie einen Zettel.
☐ Sie kehrte braungebrannt und erholt zurück.
☐ Die Kinder fanden die weiße Katze mit der schwarzen Nase.
☐ Michalkos Papa konnte die Nachricht lesen.
☐ Susanne flog mit ihren Eltern ans Schwarze Meer.

❸ In welcher Sprache war die Nachricht auf dem Zettel geschrieben?

❹ Schreibe Susannes Nachricht in Schönschrift richtig ab.

❺ Erzähle die Geschichte deinem Partner.

⑥ Was hättest du an Susannes Stelle auf den Zettel geschrieben?

SB S. 200/201